I0251394

AUTORES:

JOSÉ MARÍA CAÑIZARES MÁRQUEZ
CARMEN CARBONERO CELIS

## COLECCIÓN: MANUALES PARA EL PROFESORADO DE EDUCACIÓN FÍSICA EN LA EDAD ESCOLAR

## EL CRECIMIENTO Y EL DESARROLLO NEUROMOTOR, ÓSEO Y MUSCULAR EN LA EDAD ESCOLAR

WANCEULEN
EDITORIAL DEPORTIVA

**COLECCIÓN MANUALES PARA EL PROFESORADO DE EDUCACIÓN FÍSICA EN LA EDAD ESCOLAR**

**EL CRECIMIENTO Y EL DESARROLLO NEUROMOTOR, ÓSEO Y MUSCULAR EN LA EDAD ESCOLAR.**

**AUTORES**

**José Mª Cañizares Márquez**
- Catedrático de Educación Física
- Tutor del Módulo del Practicum del Master de Secundaria
- Especialista en preparación de opositores
- Autor de numerosas obras sobre Educación y Preparación Física

**Carmen Carbonero Celis**
- D. E. A. en Instituciones Educativas
- Licenciada en Pedagogía
- Maestra de Primaria y Secundaria en centros de Educación Compensatoria
- Didacta presencial del Módulo de Pedagogía General en el CAP
- Profesora de Pedagogía Terapéutica en Centro Educación Primaria

**Título:** EL CRECIMIENTO Y EL DESARROLLO NEUROMOTOR, ÓSEO Y MUSCULAR EN LA EDAD ESCOLAR.

**Autores:** José Mª Cañizares Márquez y Carmen Carbonero Celis

**Editorial:** WANCEULEN EDITORIAL DEPORTIVA, S.L.

C/ Cristo del Desamparo y Abandono, 56   41006 SEVILLA

**Dirección web:** www.wanceulen.com

**I.S.B.N. (PAPEL): 978-84-9993-501-0**

**I.S.B.N. (EBOOK): 978-84-9993-527-0**

**Dep. Legal:**

© **Copyright:** WANCEULEN EDITORIAL DEPORTIVA, S.L.

**Primera Edición:**    Año 2016

**Impreso en España:**

---

Reservados todos los derechos. Queda prohibido reproducir, almacenar en sistemas de recuperación de la información y transmitir parte alguna de esta publicación, cualquiera que sea el medio empleado (electrónico, mecánico, fotocopia, impresión, grabación, etc), sin el permiso de los titulares de los derechos de propiedad intelectual. Cualquier forma de reproducción, distribución, comunicación pública o transformación de esta obra solo puede ser realizada con la autorización de sus titulares, salvo excepción prevista por la ley. Diríjase a CEDRO (Centro Español de Derechos Reprográficos, www.cedro.org) si necesita fotocopiar o escanear algún fragmento de esta obra.

# ÍNDICE

**INTRODUCCIÓN** .................................................................................................. 7

**1. EL CRECIMIENTO Y EL DESARROLLO NEUROMOTOR, ÓSEO Y MUSCULAR.** ........................................................................................................ 9

    1.1. El crecimiento. Periodos. ........................................................................ 9

        1.1.1. Edades del crecimiento. ............................................................... 11

        1.1.2. Principios del crecimiento. ........................................................... 11

    1.2. El desarrollo neural y motor. ................................................................ 12

    1.3. El desarrollo óseo. ................................................................................. 13

    1.4. El desarrollo muscular. ......................................................................... 13

**2. FACTORES ENDÓGENOS Y EXÓGENOS QUE REPERCUTEN EN EL DESARROLLO Y CRECIMIENTO.** ..................................................................... 14

**3. PATOLOGÍAS RELACIONADAS CON EL CRECIMIENTO Y LA EVOLUCIÓN DE LA CAPACIDAD DEL MOVIMIENTO.** ......................................................... 15

    3.1. Patologías relacionadas con el crecimiento. ..................................... 16

    3.2. Patologías relacionadas con el sistema óseo. ................................... 17

    3.3. Patologías relacionadas con el sistema neuromotor. ....................... 19

**4. EVALUACIÓN Y TRATAMIENTO EN EL PROCESO EDUCATIVO.** ............ 20

    4.1. Relación del currículo con el crecimiento, desarrollo y hábitos saludables. ............................................................................................. 20

    4.2. Ejemplos de pruebas de evaluación sobre patologías relacionadas con el aparato motor en el aula. ........................................................... 23

    4.3. Aspectos preventivos sobre patologías relacionadas con el crecimiento en el marco de la educación física escolar. ................... 24

**CONCLUSIONES** ............................................................................................... 25

**BIBLIOGRAFIA** ................................................................................................... 25

**WEBGRAFÍA** ...................................................................................................... 28

## INTRODUCCIÓN

La edad escolar comprende estadios de la vida del ser humano en los que los procesos de **crecimiento** y maduración se desarrollan rápida y significativamente -por lo que es uno de los fenómenos más descollantes-, influenciando de manera profunda la estructura y capacidades físicas del individuo para el futuro. No obstante, el proceso de crecimiento es similar para la mayoría de los sujetos y aunque puede ser modificado por enfermedades, cambios en la dieta o por la realización de ejercicio físico, el patrón básico sigue constante.

"*La adquisición de hábitos de vida saludable que favorezcan un adecuado bienestar físico, mental y social*", así como "*la utilización responsable del tiempo libre y del ocio, así como el respeto al medio ambiente*", son capacidades prioritarias a conseguir durante la etapa (D. 97/2015).

Es vital conocer, de un modo responsable, limitaciones y capacidades impuestas por los procesos de crecimiento y maduración, que vienen condicionadas por factores internos y externos al individuo implicando al desarrollo y crecimiento.

El educador, sin necesidad de que llegue a ser un experto en crecimiento, debe conocer básicamente los procesos más importantes que tienen lugar durante las fases de crecimiento normal a lo largo del período de escolarización. Existen numerosos **agentes** que intervienen en el desarrollo y crecimiento, unos externos al individuo como los socioeconómicos y otros de tipo hereditarios como los endocrinos.

Por otro lado existen una serie de **patologías** más habituales durante las fases del crecimiento que afectan al acto motor, y que es preciso conocer para evaluar a su alumnado y hacer las adaptaciones oportunas.

Este tema se propone dar unas **nociones elementales** sobre estos aspectos con la intención de su uso positivo por los educadores en la escuela.

## 1. EL CRECIMIENTO Y EL DESARROLLO NEUROMOTOR, ÓSEO Y MUSCULAR.

Crecimiento, desarrollo y maduración son términos que pueden ser utilizados para describir los **cambios** que se producen en el organismo desde la concepción hasta la adolescencia (López Chicharro y otros, 2002).

Antes de nada es necesario **definir** estos conceptos.

| CRECIMIENTO | DESARROLLO | MADURACIÓN | P. CRÍTICOS |
|---|---|---|---|
| Es un aumento progresivo a nivel celular, en número (hiperplasia) o en tamaño (hipertrofia). Tiene relación directa con la edad (dos primeras décadas) y una lectura más cuantitativa, siendo fácil su medición (González y Riesco, 2005). Ruiz y Linares (1997), unen a los dos aspectos anteriores el de la mayor producción de *matriz intercelular* (acreción). | Indica la diferenciación o cambio progresivo de órganos y tejidos con adquisición y perfeccionamiento de sus funciones (Zarco, 1992). Cada órgano crece y se desarrolla a un ritmo específico, e interdependiente. Se alcanza el máximo grado de crecimiento y maduración. Está sometido a influencias ambientales y hereditarias. | Parámetro cualitativo y más difícil de medir. Psicológicamente significa la plenitud de las capacidades mentales (Zarco, 1992). Biológicamente indica la finalización del desarrollo orgánico general, es decir, los procesos de transformación hacia la forma adulta (López Chicharro y otros, 2002). | Son aquellos en los que el órgano es más propenso a los fenómenos de hipertrofia o hiperplasia celular. |

El **desarrollo neuromotor** hace referencia a los **cambios** producidos por el desarrollo **corporal más el aprendizaje**. Analiza los procesos evolutivos del alumno desde el punto de vista del movimiento y la influencia que en éste tiene el sistema nervioso.

### 1. 1. EL CRECIMIENTO. PERIODOS.

El **proceso** de crecimiento en el ser humano implica básicamente la **transformación** de nutrientes en tejidos vivos, aunque con una ordenación temporal. Para ello debe haber un **predominio** de los procesos **anabólicos** sobre los **catabólicos**, es decir, en algún modo, la energía procedente de la nutrición debe de exceder a la consumida en el mantenimiento de la vida y en la actividad del sujeto (Ribas y colls., 1997).

El **ciclo vital** del humano se ha dividido tradicionalmente en **cuatro etapas**: infancia, adolescencia, adultez y senectud (Gallego, -coord.- 1998). La mayoría de autores establecen una serie de estadios concretos con unas características muy marcadas. Los estudios al respecto son **numerosos**. Nos fijamos en:

1.- **Ribas** y colls. (1997). Distinguen dos etapas: **prepuberal** y **puberal**.

   a) Crecimiento **Prepuberal**. Resumidamente, destacamos:
   - **Infancia**. Hasta los 2 años
     o A partir 6 meses, los miembros inferiores crecen muy rápidos.
   - **Niñez**: Desde 2 a 11-13 niñas y 12-14 niños:
     o A partir 2 años aumento gradual en altura y peso.

- Niños crecen más en altura. Entre 6 y 10 años, ensanchan más tórax y brazos.
- Niñas tienen edad esquelética más avanzada. Crecen más rápidamente de caderas.
- Al final se da una relación constante entre altura y masa corporal magra que permite buen grado de coordinación.

b) Crecimiento **Puberal**. Se significa en:

- 1ª fase puberal o **pubertad**, cuando se desarrollan los órganos sexuales.
- 2ª fase puberal o **adolescencia**. Es el final del proceso de crecimiento, que lleva a la madurez propia del estado adulto. Alrededor de la edad de desarrollo de los órganos sexuales, es cuando se suele producir un "estirón" o aceleración en el crecimiento y maduración del individuo. Suele suceder más temprano en la niñas (11-13 años) que en los niños (12-14 años), por tanto entre los 11-13 años cabe esperar que las niñas sean ligeramente más altas que los niños, aunque posteriormente esta diferencia en altura se anule e incluso se haga favorable a los jóvenes.

2.- **Ruiz y Linares**, en Conde y Viciana -coord.- (2001) y Guillén y Linares -coords.- (2002).

- Etapa **Prenatal** o Intrauterina. Desde la fecundación al nacimiento. Gran velocidad de crecimiento. Relación de dependencia con la madre.
- Etapa **Lactante**. Desde el nacimiento hasta los 2 años. Alto nivel de crecimiento, sobre todo a nivel del S. Nervioso.
- Etapa de la **Niñez**. Desde los 2 hasta los 10-11 años en niñas y 11-12 en niños. Estabilidad en el crecimiento.
- Etapa de la **Adolescencia**. Se prolonga hasta los 16 años. "Estirón puberal". O último periodo de crecimiento acelerado.
- Etapa **Adulta**. Comienza cuando cesan los procesos de crecimiento. Hacia el final de la etapa en el individuo empieza la degeneración y pérdida de funcionalidad.

3.- **Oña** (2005). Establece nueve estadios:

| 1. Intrauterino. Desde fecundación al nacimiento. | 2. Primera Infancia o Sensorio-Motor. Desde nacimiento a los 2 años. | 3. Segunda Infancia o Preescolaridad. Entre 2 y 7 años. |
|---|---|---|
| 4. Tercera Infancia o Escolaridad. Entre 7 y 11 años. | 5. Pubertad. Entre 11 y 16 años. | 6. Adolescencia. Entre 16 y 20 años. |
| 7. Juventud entre 20 y 25 años. | 8. Madurez. | 9. Vejez. |

4.- Si modificamos lo expresado por **Gutiérrez Delgado** (2004), podemos establecer la siguiente tabla-resumen:

| PERIODOS DE CRECIMIENTO | EDAD | PARTICULARIDADES |
|---|---|---|
| PRENATAL | | Fases: germinal; embrionaria; fetal. |
| LACTANTE | 0-2 | Crecimiento veloz y desarrollo orgánico. |
| INFANTIL | 2-6 | Crecimiento y desarrollo heterogéneo. Significativos cambios funcionales. |
| PREPUBERAL | 6-12 | Lentitud y equilibrio en el desarrollo. Eficacia en muchas de las funciones orgánicas. Desarrollo de los grandes grupos musculares. Las chicas empiezan antes. |
| PUBERAL-ADOLESCENCIA | 12-18 | Alternancia de periodos de crecimiento lento y rápido. |

### 1.1.1. LAS EDADES DEL CRECIMIENTO.

La edad biológica y cronológica no siempre coincide, por lo que debemos buscar indicadores que nos digan en qué momento evolutivo se halla el individuo. Los cuatro más utilizados, según Díaz, (1993) y Conde y Viciana (2001), son:

| EDAD DENTAL | EDAD SEXUAL | EDAD SOMÁTICA | EDAD ESQUELÉTICA |
|---|---|---|---|
| Nos basamos en la dentición del sujeto, la aparición-caída-aparición definitiva de las diferentes piezas dentales | Basándonos en la aparición de los caracteres sexuales secundarios, podemos determinar el momento evolutivo vivido por el sujeto | Se basa en la observación del proceso de adquisición de peso y talla | A través de la exploración radiológica de determinadas zonas corporales, y en relación la grado de osificación de los centros de crecimiento, se puede determinar con exactitud la edad biológica del individuo |

### 1.1.2. PRINCIPIOS DEL CRECIMIENTO.

El desarrollo de los componentes orgánicos parece ajustarse a los principios de la **tele encefalización**, que vienen recogidos por Oña (2005), como "*tendencias del desarrollo*", aunque tradicionalmente se conocen también como "leyes":

- **Ley Céfalo-caudal**. El desarrollo nervioso sigue la dirección cabeza-tronco-miembros superiores-miembros inferiores.

- **Ley Próximo-distal**. Referida al control de las extremidades. El dominio se inicia desde el **eje** corporal **central** a las partes más **lejanas**.

- **Ley de la Continuidad, Progresión y Amortiguamiento**. El desarrollo de los sistemas biológicos es **continuo y progresivo**, existiendo un amortiguamiento creciente a medida que nos acercamos a las fases terminales. Niñas y niños crecen más aprisa en la primera infancia que en la adolescencia.

- **Ley de la Secuencia**. Los estadios de desarrollo siguen unos a otros de forma más o menos uniforme y predecible en su secuencia. Por ejemplo, todos los niños pierden antes unos dientes y luego otros.

- **Ley de la Individualidad o Patrones Individuales de Crecimiento**. Cada persona tiene un ritmo personal.

- **Ley de la Alternancia**. Se relevan periodos de crecimiento en longitud con otros en anchura.

Otros autores, como González y Riesco (2005), citan al principio o ley de "**disociación**", es decir, que todas las partes del cuerpo no aumentan en conjunto ni en la misma proporción. También hay otros autores que se centran en esta temática, como Tanner (1966), Toni (1969), Ruiz Pérez (2001), etc.

## 1.2. EL DESARROLLO NEURAL Y MOTOR.

### a) Neural.

El **sistema nervioso** es la organización biológica con responsabilidad más directa en el comportamiento humano. Se va a ir formando a lo largo del desarrollo, sobre todo en el periodo **intrauterino** y **sensorio-motor**, determinando en gran medida las funciones del individuo (Oña, 2005).

El sistema nervioso se desarrolla a partir del ectoblasto en el estadio gastrular del embrión, pasando por distintas fases. Durante el desarrollo embrionario los miles de millones de neuronas que componen el cerebro son formadas por el epitelio neuronal y se desplazan para ubicarse en los sitios definitivos y establecer conexiones con otras (Fox, 2003).

El humano posee alrededor de 100.000 millones de células nerviosas o **neuronas** que, al no dividirse como otras, se van perdiendo muchas diariamente, provocando la degeneración (Gómez Mora, 2003).

Experimenta un crecimiento rapidísimo que le lleva al 75% de su peso final a los 2 años de edad y, sin embargo, no concluye su evolución hasta entrados los 30 años.

El proceso de estructuración funcional de este sistema se ve favorecido por la **mielinización**, o formación de una capa de mielina en las redes nerviosas que hacen más eficaz la transmisión del impulso nervioso. Esta mielinización tiene un curso característico en diferentes zonas del sistema nervioso, comenzando en algunos casos en la vida fetal, y no concluyendo, en otros casos, hasta bien entrada la madurez. De todas formas, hacia los 10 años se han mielinizado la mayoría de las terminaciones nerviosas.

### b) Motor.

Wickstrom (1990) define el desarrollo motor como "los cambios producidos en el tiempo en la conducta motriz del individuo, que reflejan la interacción entre el organismo y el medio".

Hormigo, Camargo y Orozco (2008), lo entienden como "la adquisición y evolución de las habilidades motrices. Cambios producidos con el tiempo en la condición motriz, que reflejan la interacción del organismo con el medio".

El desarrollo motor está siempre presente en el individuo **durante toda su vida**. Poco a poco va perfeccionando sus capacidades motrices, de condición física, etc. que se pueden observar en cualquier realización de los patrones fundamentales del movimiento.

Hay varios modelos explicativos del desarrollo motor. Ruíz Pérez (1994), analiza dos perspectivas: europea, con autores como Ajuriaguerra, Da Fonseca, Pikler, Le Boulch, etc. y la americana, con Craty y Gallahue como principales autores.

## 1.3. EL DESARROLLO ÓSEO.

El incremento en altura se debe principalmente al crecimiento del esqueleto (desarrollo óseo). Los huesos largos crecen a partir de las placas epifisiarias o de crecimiento, localizadas en sus extremos, entre la epífisis articular y la diáfisis central (**metáfisis**) (Guillén y otros, 2009).

El proceso de formación u "osificación" es muy dinámico. Consiste en una continua **formación y destrucción** de hueso. La formación se realiza a partir de los **osteoblastos** (células que forman los huesos), que quedan atrapados en el tejido óseo en formación u osteoide; cuando esto ocurre los osteoblastos comienzan a almacenar calcio y fósforo, pasando a llamarse **osteocitos**; esta situación se mantiene hasta que la zona de la placa de crecimiento donde estaba el osteocito queda totalmente calcificada. Esta formación u osteogénesis tiende a aumentar en aquellos puntos óseos sometidos a grandes cargas, y por el contrario, tiende a disminuir incluso a ser reabsorbido o destruido por los osteoblastos cuando disminuye la carga o estrés a que estaba sometido el hueso (López Chicharro, 2002).

El ejercicio físico, que supone un estrés para los huesos y estimula el crecimiento óseo, produce un incremento de la densidad y la amplitud de éstos. En general, se puede decir que la realización de ejercicio físico durante el crecimiento tiende a generar un esqueleto más **denso**, **fuerte** y mejor preparado para soportar cargas y tensiones (Ribas y col. 1997).

No obstante, el crecimiento lineal seguirá mientras los centros de osificación estén abiertos, lo que suele ocurrir hasta pasados 18 años e incluso los 22-23 años.

## 1.4. DESARROLLO MUSCULAR.

La ganancia de **peso** que ocurre durante el crecimiento se obtiene, sobre todo, a partir del incremento del tejido muscular. Éste crece de manera estable durante los primeros **siete años** de vida, si bien, antes de la pubertad, hay cierta **ralentización**. Pero durante la **pubertad** los músculos crecen rápidamente, especialmente en los jóvenes y siempre después del "estirón" en altura. Ya en el adulto, el 45 % de su peso se corresponde con la masa muscular (Gómez Mora, 2003).

En cualquier caso, el aumento en el tamaño de los músculos está directamente relacionado con la fuerza y ésta es un buen indicador del éxito en la competición. La acentuación del tamaño muscular durante la adolescencia depende del nivel de maduración de la estructura corporal, de la cantidad de la actividad física, etc. No obstante, las capacidades motrices de los músculos esqueléticos dependen también de la actividad neural, y, por tanto, del grado de maduración del sistema nervioso. Por otro lado, la disponibilidad de **hormonas** sexuales **masculinas** es imprescindible para que el ejercicio físico pueda inducir un crecimiento de la masa muscular; tratar de conseguir esto en un niño adolescente, en el que los niveles de hormonas son claramente insuficientes (diez veces inferior a un adulto) será inútil y peligroso.

## 2. FACTORES ENDÓGENOS Y EXÓGENOS QUE REPERCUTEN EN EL DESARROLLO Y CRECIMIENTO.

El desarrollo y el crecimiento están condicionados por una serie de elementos. Por factores **endógenos** entendemos a los agentes internos, hereditarios o intrínsecos del individuo. Los factores **exógenos** son los externos, el medio donde el individuo se desenvuelve (Zarco, 1992).

| FACTORES CONDICIONANTES DEL DESARROLLO Y CRECIMIENTO ||
|---|---|
| **a) Endógenos-Internos**<br>• Herencia<br>• Sistema Endocrino/Hormonal<br>• Sexo<br>• Enfermedad<br>• Edad | **b) Exógenos-Externos**<br>• Prenatales: Dieta, control medicación, no tomar alcohol, tabaco ni otras drogas, control enfermedades y vacunas, riesgos por edad, compatibilidad en el RH y atención a la exposición a radiaciones.<br>• Postnatales: Nutrición, control de enfermedades, aspectos sociales, actividad física, vida higiénica y ausencia de enfermedades psíquicas |

Seguimos a Gutiérrez Sáinz (1992), Zarco (1992) y a Ruiz y Linares, en Conde y Viciana -coord.- (2001), Ruiz Pérez (2005) y Calderón (2012), entre otros autores:

a) **Factores endógenos**. En general se puede decir que las **condiciones genéticas** de un individuo son determinantes para la obtención de un desarrollo óptimo de sus capacidades físicas, pero además requieren entrenamiento sistematizado.

- **Herencia**. Aquí incluimos los aspectos genéticos. Cada persona tiene unos caracteres propios de su familia. Por ejemplo, la talla de los padres y la de los hijos en la edad adulta.

- **Sistema endocrino-hormonal**. El sistema endocrino está formado por una serie de glándulas que segregan unas sustancias (hormonas), que circulan por el torrente sanguíneo, y que tienen por misión regular las funciones de otros sistemas. La mayoría se autocontrolan **recíprocamente**. Su influencia es decisiva para el crecimiento y desarrollo. Por ejemplo, la hormona somatotropina o del crecimiento, la tiroxina, testosterona, insulina y adrenalina.

- **Sexo**. Hay diferencias entre uno y otro. Por ejemplo, en cuanto a la talla, cantidad de tejido muscular y adiposo, inicio de la pubertad, tamaño de las caderas, etc.

- **Enfermedades**. La enfermedad puede verse como factor externo o interno. Una enfermedad mayor retrasa el crecimiento, pero se recupera si no es muy larga y no ocurre en el primer año de vida. La reiteración de traumatismos y fracturas pueden causar retraso del crecimiento en el hueso afectado, así como deformaciones y asimetrías.

- **Edad**. La programación genética está determinada y se manifiesta en relación a la edad. El crecimiento se inicia de forma muy rápida en los primeros momentos de la vida, reduce su aceleración progresivamente y no se detiene hasta el final de la adolescencia. Al llegar la pubertad se experimenta un incremento que se conoce como "estirón puberal" y que tiene una duración de tres años. Sin embargo, hasta los 30 años se continúa creciendo, aunque no más de un 2% debido a los depósitos cálcicos en determinados huesos. A los 45 años se mantiene la estatura y, a partir de esa edad, se reduce la misma.

b) **Factores exógenos**. Los dividimos en dos grupos:

- **Agentes prenatales**. Inciden durante el embarazo. Se derivan del medio exterior, aunque otros son propios de la madre. Destacamos a:
    - Dieta equilibrada. Control del peso durante el embarazo.
    - Medicación controlada. Aportes vitamínicos y cualquier otro tratamiento debe estar controlado por el médico que lleve el proceso de embarazo.
    - Ingesta de alcohol y el consumo de tabaco y otras drogas. Deben estar ausente en la madre.
    - Enfermedades, Vacunas. Debe estar controlado por el médico.
    - Edad. Edades tardías de embarazo pueden suponer riesgo.
    - RH compatible. La incompatibilidad de RH entre madre y padre debe tener vigilancia por el especialista.
    - Exposición a radiaciones. Rehusar el uso de rayos X, aparatos electrónicos, etc. y de esta forma se evitan posibles malformaciones en el feto.

- **Agentes postnatales**. Intervienen a partir del nacimiento:
    - Nutrición equilibrada y enfermedades. Controlado por el pediatra.
    - Aspectos socioeconómicos. Influyen las comodidades, el ambiente, las instalaciones deportivas del barrio, etc. y los hábitos de salud e higiene.
    - Actividad física. Favorece el crecimiento, siempre y cuando esté sistematizada y controlada.
    - Factores psíquicos. Pueden intervenir negativamente en el crecimiento.

## 3. PATOLOGÍAS RELACIONADAS CON EL CRECIMIENTO Y LA EVOLUCIÓN DE LA CAPACIDAD DEL MOVIMIENTO.

Para la elaboración de este punto seguimos, fundamentalmente, a Ávila (1989), Magraner (1993), VV. AA. (1997), Navas -coord.-, (2001), Delgado y Tercedor (2002), Rodríguez y Guso (2002), Gómez Mora (2003), Galiano y Alonso (2004), González y González (2004) González Iturri (2004), Ruiz Pérez (2005), Bernal -coord.- (2005), Rodríguez García (2006), Gil (2006), Sainz y otros (2006), Miralles y Miralles (2006), Cañizares y Carbonero (2006), Guillén y otros (2009), Rosillo (2010), Paredes et al. (2012), Balius y Pedret, (2013) y Gutiérrez (2015).

NOTA: Ahora concretamos la "*evaluación y tratamiento en el proceso educativo*" de cada patología. En el punto 4 lo presentamos de forma más genérica.

Si bien, por norma general, la actividad física es beneficiosa para el crecimiento, en una minoría de alumnado que tiene algún tipo de patología, sucede lo contrario y se imponen ciertas reservas. Ahora veremos **algunas** de las enfermedades que se van agravando con el proceso de crecimiento debido a que van evolucionando paralelamente al desarrollo. La variedad de estas patologías es muy numerosa, siendo difícil citarlas a todas.

Tienen diversa **etiología**, como la intrínseca (trastornos en la estática, como los de la columna o los pies); la extrínseca (actividad física improcedente, el uso de elementos perjudiciales, como calzado) y enfermedades (anorexia, etc.). En cualquier caso, pueden ser de **afectación** leve o grave y de corta o larga **duración**.

### 3.1. PATOLOGÍAS RELACIONADAS CON EL CRECIMIENTO.

De las **múltiples** enfermedades que inciden en el crecimiento, destacamos a:

- **Enanismo**. Trastorno del crecimiento caracterizado por alcanzar el individuo una talla por debajo de lo normal (127 cm.). Sus causas son hormonales, genéticas o por influencias ambientales (carencias alimenticias, infecciones específicas). Es, de hecho, inhabitual.

- **Gigantismo**. Crecimiento anormal y excesivo de una persona. Se relaciona con la enfermedad de la hipófisis. No confundir con el gigantismo no patológico, consistente en que un sujeto normal rebasa a los individuos de su raza, pero derivado de un gigantismo familiar. Tiene una incidencia escasa.

- **Cretinismo**. (Hipotiroidismo congénito). La falta de la hormona tiroxina provoca retraso mental y físico, escoliosis, taras en las extremidades, cabello raro y escaso, etc. Es escasa su incidencia.

- **Caquexia**. Implica una desnutrición extrema que suele ser consecuencia del proceso de ciertas enfermedades.

- **Obesidad**. Es un exceso de grasa corporal que, por lo general, se acompañada por un incremento del peso del cuerpo. Sus causas son múltiples, e incluyen factores de tipo genético, endocrino y metabólico, además del estilo de vida que se lleve (Martínez, 2006).

- **Anorexia**. Es un trastorno de la conducta alimentaria. Se caracteriza por una delgadez extrema que en ocasiones puntuales acarrea la muerte. Esta carencia del apetito tiene un componente psíquico muy significativo. La valoración que hacen de sí misma las personas afectadas está determinada por lo que opinan de su cuerpo (Zagalaz, Cachón y Lara (2014).

- **Bulimia**. Como la anterior, se trata de un desorden en la conducta alimenticia. Se come casi continuamente y de forma compulsiva. En muchas ocasiones el individuo vomita de forma voluntaria o bien toma diuréticos y laxantes.

Evaluación y tratamiento escolar. Las alteraciones anteriores son muy variadas. Ante todo debemos tener en cuenta las indicaciones del especialista que esté llevando al alumno o alumna. En virtud de ello estableceremos las correspondientes adaptaciones curriculares y su gradación, en caso necesario con la ayuda del E.O.E. asignado al centro.

En cualquier caso, debemos promover y formar para una actividad física regular enlazada a la adopción de buenos hábitos de alimentación y actividad física que incidan positivamente sobre la salud y calidad de vida, así como motivar la búsqueda de soluciones globalizadas encaminadas a corregir los problemas.

## 3.2. PATOLOGÍAS RELACIONADAS CON EL SISTEMA ÓSEO.

En este grupo incluimos seis apartados:

| a) Enfermedades degenerativas | b) Patologías de los pies | c) Patologías de las rodillas |
|---|---|---|
| d) Patologías en el raquis | e) Patologías en la pelvis | f) Patologías en el tronco |

a) ENFERMEDADES DEGENERATIVAS. Son alteraciones que surgen durante el proceso del crecimiento, afectan a la práctica del ejercicio físico y normalmente vienen detectadas por el pediatra, aunque en muchas ocasiones es el docente especialista quien da la voz de alarma.

Siguiendo especialmente a Magraner (1993), distinguimos las Osteocondrosis y las Osteocondritis.

- **Osteocondrosis**. Debido a una alteración vascular, se produce una degeneración o necrosis en la epífisis ósea y una fibrosis en la metáfisis. Las edades más críticas coinciden con los periodos de crecimiento: de 5 a 7 años y de 10 a 13 años. Dolor, hinchazón de la epífisis, poca movilidad, etc. son sus síntomas.

- **Osteocondritis**. Es una inflamación simultánea de un hueso y su cartílago. Existen muchas variantes. Por ejemplo, la Osteocondritis deformante de la cadera juvenil, también llamada "Enfermedad de Legg-Calvé-Perthes", la Osteocondritis del tubérculo proximal de la tibia, muy conocida como la "Enfermedad de Osgood-Schlatter" y la Osteocondritis de la epífisis vertebral o "Enfermedad de Schevermann", (Scheüermann para algunos autores).

Evaluación y tratamiento. Debemos proceder con cautela y restringir la actividad física que implique la movilización de la zona. En todo caso, algunos tipos de actividades relacionadas con lanzamientos, expresión, etc. puede hacerse, pero siempre bajo el consejo del médico. Realizar las adaptaciones individuales oportunas.

b) PATOLOGÍAS DE LOS PIES. Es una zona con una patología muy amplia. Las alteraciones más conocidas las podemos resumir en dos:

- **Pie Plano**. Es un hundimiento de la bóveda plantar, de más o menos importancia. Es fácil de apreciar observando la huella del pie descalzo al salir, por ejemplo, de la ducha. Existen diversas variantes: fisiológico, falso, raquítico, valgo, congénito, etc.

- **Pie Cavo**. Se reconoce por la remarcada bóveda plantar. Hay dos tipos más fundamentales: fisiológico y patológico, que además se sub-divide en unilateral, traumático y patológico.

- **Otros**. En la bibliografía especializada aparecen muchos más tipos. Señalamos al pie talo (bóveda muy exagerada); pie varo (apoya con la parte externa del talón) y pie zambo (apoya con toda la parte externa del pie).

Evaluación y tratamiento. Si lo detectamos debemos avisar a la familia. En general, el tratamiento de estas patologías, es fisioterapéutico y ortopédico.

c) PATOLOGÍAS DE LAS RODILLAS. Algunos alumnos presentan una serie de desviaciones que es necesario observar:

- Desviaciones **anteroposteriores**:
    - **Genuvaro**. Reconocido por la posición de las rodillas en "( )". Tienen varios centímetros de separación entre las caras internas de las rodillas.
    - **Genuvalgo**. Fácil de ver por las rodillas en forma de "X". Es más común en mujeres y en hombres altos.

- Desviaciones **laterales**:
    - **Genu-recurvatum**. Se significa por una hiperextensión de rodillas, debido a una laxitud articular.
    - **Genu-flexo**. La rodilla suele estar siempre con una leve flexión.

Evaluación y tratamiento. Debemos detectar cualquiera de estas anomalías para informar a la familia y que ésta acuda con su hija o hijo al especialista. Es fácil comprobarlo poniendo al alumnado de pie con las rodillas juntas y observándolo. También durante la carrera podemos hacerlo. El informe del médico será determinante para nuestra actuación.

- **Síndrome de Osgood-Schlatter**. Es un trastorno doloroso de la rodilla que suele ocurrir en personas jóvenes y activas. Está relacionado con el crecimiento y se inflama la inserción del tendón rotuliano en la tuberosidad anterior de la tibia.

Evaluación y tratamiento. Se detecta porque quien la padece apenas puede saltar o subir unos peldaños de la escalera, sobre todo en su fase aguda. Es fundamental el descanso y, a veces, se hace tratamiento de fisioterapia.

d) PATOLOGÍAS EN EL RAQUIS. Las patologías estructurales de la columna vertebral se denominan dismorfias de raquis, y al contrario de los defectos posturales, no pueden ser corregidos por el esfuerzo voluntario del individuo.

Seguimos específicamente a Cantó y Jiménez, (1997).

- **Hiper Lordosis**. Es el aumento de la lordosis fisiológica. Puede ser congénita, pero la más frecuente es la hiper lordosis de posición sin malformaciones y por incorrecto equilibrio de posición en la pelvis y que se fija progresivamente.
- **Escoliosis**. Es toda desviación lateral del raquis, y que empieza a ser de cierta gravedad a partir de los $30°$.
- **Hiper Cifosis**. La vulgarmente llamada cifosis es una exageración o inversión de una curvatura antero-posterior. Este término abarca frecuentemente la cifosis dorsal, compensada a menudo por una hiper lordosis lumbar.

Evaluación y tratamiento. Debemos proceder con cautela y que sea el médico quien dicte la actuación. En algunos casos quien la padece se ve obligado a llevar corsé y éste no se puede quitar. En otras ocasiones sucede al contrario, si bien limita mucho la motricidad. Eso sí, casi siempre lo más recomendado es potenciar la zona dorsal y abdominal en agua.

e) PATOLOGÍA CADERA Y PELVIS. La cadera es la región que se encuentra a ambos lados de la pelvis. Destacamos a:

- **Epifisiolisis de la cabeza del fémur**. Desplazamiento de la cabeza del fémur debido a una fractura del cartílago de crecimiento. Es un problema bastante frecuente durante la infancia y adolescencia.

- **Enfermedad de Legg-Calvé-Perthes**. Localizada en la cadera donde se produce una debilidad progresiva de la cabeza del fémur y que puede provocar una deformidad permanente de la misma.

La pelvis es la región anatómica limitada por los huesos que forman la cintura pélvica, formada por la unión de los dos coxales (ilion, isquion y pubis) y el hueso sacro. Distinguimos:

- **Plano sagital**. Anteversiones y retroversiones, que influyen sobre las curvaturas sagitales de la columna.
- **Plano frontal**. Desniveles pélvicos, bien por causa de una escoliosis, bien por diferencia de longitudes de los miembros inferiores, entre otras causas. Suele corregirse con un alza.

_Evaluación y tratamiento_. Debemos proceder con cautela y restringir la actividad física que implique la movilización de la zona. En todo caso algunos tipos de actividades relacionadas con lanzamientos, expresión, etc. puede hacerse, pero siempre bajo el consejo del médico.

f) PATOLOGÍA EN EL TRONCO.

- **Tórax en quilla**. El esternón se encuentra sobresalido.
- **Tórax hendido**. El esternón está hundido.

_Evaluación y tratamiento_. Debemos proceder con cautela y que sea el médico quien dicte la actuación. Tendremos precaución con juegos que impliquen contacto, giro y salto.

### 3.3. PATOLOGÍAS RELACIONADAS CON EL SISTEMA NEUROMOTOR.

Las más usuales entre la población infantil son las miopatías y las parálisis.

a) MIOPATÍAS. Es una afección progresiva del sistema neuromuscular.

- **Miotonías**. Exceso de tono. El músculo no se relaja.
- **Distrofia muscular**. Progresiva atrofia de algunos paquetes musculares.
- **Hipotonías**. Es una disminución del tono muscular.
- **Poliomielitis**. Es una enfermedad infecciosa aguda causada por un poliovirus gastrointestinal, que puede atacar el sistema nervioso y destruir las células encargadas del control muscular. Como consecuencia, los músculos afectados dejan de cumplir su función y se puede llegar a una parálisis irreversible.

b) PARÁLISIS. Es la pérdida de movilidad voluntaria de una zona corporal a consecuencia de una lesión o enfermedad de las vías nerviosas motrices. Puede ser congénita o adquirida a través de enfermedad o traumatismo. Dependiendo de la **topografía** de la afectación, distinguimos:

- **Monoplejía**: sólo está afectada una extremidad.
- **Hemiplejía**: afectación de pierna y brazo del mismo lado.

- **Doble Hemiplejía**: afectación en ambos lados.

- **Paraplejía**: afectación de los dos miembros inferiores.

- **Diplejía**: mayor significancia en los miembros inferiores que en los superiores.

- **Tetraplejía**: afectación de los miembros superiores e inferiores por igual.

- **Triplejía**: afectación de tres miembros.

<u>Evaluación y tratamiento</u>. Debemos proceder con cautela y que sea el médico quien dicte la actuación específica. En todo caso, debemos facilitar que adquiera la mayor independencia motriz que sea posible adaptando todas las actividades a su estado específico, incluyendo el uso de aparatos de ayuda a la deambulación.

## 4. EVALUACIÓN Y TRATAMIENTO EN EL PROCESO EDUCATIVO.

Vemos qué nos indica el D.C., algunos ejemplos de pruebas fáciles para detectar problemas en nuestro alumnado y pautas metodológicas sobre la prevención.

### 4.1. RELACIÓN DEL CURRÍCULO CON EL CRECIMIENTO, DESARROLLO Y HÁBITOS SALUDABLES.

Establecemos la relación a través de los siguientes puntos:

a) **Aspectos generales**.

Alrededor del concepto sobre salud nace la educación para la salud, entendida como un proceso de información y responsabilidad del individuo, con el fin de adquirir hábitos, actitudes y conocimientos básicos para la defensa y la promoción de la salud **individual** y **colectiva** (Rodríguez García, 2006). Por lo tanto esta idea no es nueva, educación física-salud mantienen una relación histórica y ésta se acentúa significativamente a **partir del currículo LOGSE** -y se refrenda en el de la L. O. E. y L. E. A y LOMCE (ésta incide en el binomio actividad física diaria y pautas de alimentación saludable), no sólo por la alusión que hace a las CC. Clave, objetivos y contenidos del Área de Educación Física, sino por los de la propia Etapa, otras áreas y Temas Transversales (Garoz y Maldonado, 2004).

Es sabido que la educación para la salud es una tarea multidisciplinar, pero también debe involucrarse la propia familia a través de las A. M. P. A. (Rodríguez García, 2006). "*La educación para la salud es uno de los caminos más adecuados si se pretende instaurar en los niños de infantil, primaria y secundaria unos hábitos y un estilo de vida saludable*" M.E.C. y M. S. (2009).

En Andalucía, la O. 17/03/2015, indica en su Introducción que "*Proporcionar un estilo de vida saludable es un elemento esencial del área de Educación física. Es cierto que son muchos los beneficios que genera la sociedad del conocimiento, pero también ha sido pródiga en costumbres poco saludables desde la infancia, donde el sedentarismo y la obesidad pueden llegar a convertirse en problemas graves para la salud. Desde esta perspectiva, la Educación física ha de tratar de mantener el equilibrio entre actividad y reposo haciendo que la máxima "mens sana in corpore sano" siga teniendo validez. Por ello, la Educación física se debe centrar en plantear propuestas para el desarrollo de planos competenciales relacionados con la salud, y que tendrían como finalidad tanto la adquisición de hábitos saludables en virtud a una práctica regular de actividades físicas como una actitud crítica ante aquellas prácticas sociales ya asentadas o emergentes que resulten perjudiciales. Se trata de que cada alumna o alumno adquieran hábitos saludables que posibiliten sentirse satisfechos con su propia identidad corporal, la cual será vehículo de expresión y comunicación consigo mismo y con los demás".*

En cualquier caso, no debemos olvidar lo expresado por la LOMCE/2013, en su disposición adicional cuarta sobre "**promoción de la actividad física y dieta equilibrada**". "Las administraciones educativas adoptarán medidas para que la actividad física y la dieta equilibrada formen parte del comportamiento infantil y juvenil. A estos efectos, dichas Administraciones promoverán la **práctica diaria de deporte y ejercicio físico** por parte de los alumnos y alumnas durante la jornada escolar, en los términos y condiciones que, siguiendo las recomendaciones de los organismos competentes, garanticen un desarrollo adecuado para favorecer una **vida activa, saludable y autónoma**. El diseño, coordinación y supervisión de las medidas que a estos efectos se adopten en el centro educativo, serán asumidos por el **profesorado con cualificación** o especialización adecuada en estos ámbitos".

### b) CC. Clave

**Competencias sociales y cívica**, por cuanto la Educación física ayuda a entender, desarrollar y poner en práctica la relevancia del ejercicio físico y el deporte como medios esenciales para fomentar un estilo de vida saludable que favorezca al propio alumno, su familia o su entorno social próximo. Se hace necesario desde el área el trabajo en hábitos contrarios al sedentarismo, consumo de alcohol y tabaco, etc. La competencia social se relaciona con el bienestar personal y colectivo. Exige entender el modo en que las personas pueden procurarse un estado de salud física y mental óptimo, tanto para ellas mismas como para sus familias y para su entorno social próximo, y saber cómo un estilo de vida saludable puede contribuir a ello.

El área también contribuye en cierta medida a la adquisición de la **competencia en comunicación lingüística**, ofreciendo gran variedad de intercambios comunicativos, del uso de las normas que los rigen y del vocabulario específico que el área aporta. **Competencia digital**, ya que los medios informáticos y audiovisuales ofrecen recursos cada vez más actuales para analizar y presentar infinidad de datos que pueden ser extraídos de las actividades físicas, deportivas, competiciones, etc. El uso de herramientas digitales que permitan la grabación y edición de eventos (fotografías, vídeos, etc.) suponen recursos para el estudio de distintas acciones llevadas a cabo.

### c) Objetivos de etapa.

Por su parte, el la O. 17/03/2015, indica en el **objetivo de Etapa "k"**, *"valorar la higiene y la salud, aceptar el propio cuerpo y el de los otros, respetar las diferencias y utilizar la educación física y el deporte como medios para favorecer el desarrollo personal y social".*

### d) Objetivos de área.

El **objetivo n° 3 y 4 son los más concretos** en pronunciarse sobre la salud:

O.EF.3. Utilizar la imaginación, creatividad y la expresividad corporal a través del movimiento para comunicar emociones, sensaciones, ideas y estados de ánimo, así como comprender mensajes expresados de este modo.

O.EF.4. Adquirir hábitos de ejercicio físico orientados a una correcta ejecución motriz, a la salud y al bienestar personal, del mismo modo, apreciar y reconocer los efectos del ejercicio físico, la alimentación, el esfuerzo y hábitos posturales para adoptar actitud crítica ante prácticas perjudiciales para la salud.

**e) Contenidos.**

El **Bloque de contenidos nº 2**, "*La Educación física como favorecedora de la salud*", que está constituido por aquellos conocimientos necesarios para que la actividad física resulte saludable, contenidos para la adquisición de hábitos de actividad física a lo largo de la vida, como fuente de bienestar.

f) Criterios de evaluación.

En el R.D. 126/2014 también encontramos referencias a la salud en los criterios de evaluación, por ejemplo: "*5. Reconocer los efectos del ejercicio físico, la higiene, la alimentación y los hábitos posturales sobre la salud y el bienestar, manifestando una actitud responsable hacia uno mismo*".

**g) Estándares de aprendizaje.**

En el R.D. 126/2014 aparecen estos estándares relacionados con la salud:

5.1. Tiene interés por mejorar las capacidades físicas.
5.2. Relaciona los principales hábitos de alimentación con la actividad física (horarios de comidas, calidad/cantidad de los alimentos ingeridos, etc.).
5.3. Identifica los efectos beneficiosos del ejercicio físico para la salud.
5.4. Describe los efectos negativos del sedentarismo, de una dieta desequilibrada y del consumo de alcohol, tabaco y otras sustancias.
5.5. Realiza los calentamientos valorando su función preventiva.

El D. 328/2010, de 13 de julio, por el que se aprueba el Reglamento Orgánico de los colegios de educación infantil y primaria, BOJA nº 139, de 16/07/2010, indica en su artículo 29 "*la prevención de riesgos y la promoción de la seguridad y la salud como bien social y cultural*".

Bernal -coord.- (2005), indica una serie de pautas a tener en cuenta el docente:

- Prever los riesgos durante las actividades propuestas.
- Conocer el estado inicial de cada escolar.
- Adecuarse a las peculiaridades de los mismos y no llegar a situaciones extremas.
- Revisar los recursos espaciales y materiales antes de su uso.
- Enseñarles a manipular los materiales.
- En cualquier sesión práctica no olvidar sus tres apartados y la relación entre el tiempo de trabajo y el de pausa.

Por otro lado, la utilización de las TIC abre un abanico de posibilidades muy ricas, ofreciendo una motivación extra al alumnado (Archanco y García, 2006).

Aunque en todos los apartados del punto tercero hemos hecho una referencia muy concreta a la evaluación y tratamiento escolar, ahora lo vemos desde un punto de vista más genérico. En casi todos los centros hay algún alumno o alumna con algún tipo de problema relacionado con el crecimiento y el movimiento y que previamente ha localizado su **pediatra**.

Pero en algunas ocasiones esto no es así y, normalmente, maestras y maestros **detectamos** cualquier patología relacionada con el movimiento con la simple observación de los juegos realizados en clase. Por ejemplo, en la carrera podemos observar detalles de pies y rodillas; en la flexión profunda de tronco, en posición de pie, alguna alteración a nivel de raquis o cadera. Por otro lado, a la hora de tomar el pulso al grupo, si la frecuencia media del mismo es de 120 pulsaciones/minuto y un alumno está en 190, es preciso observarlo por si, se repite, es que nos manifiesta algún tipo de irregularidad. Estos son algunos de los múltiples ejemplos que podemos señalar.

En estos casos, nuestra actuación consistirá en avisar a la **familia** para que lo lleve al especialista médico y ponga el remedio necesario.

El médico puede emitirnos un **informe** sobre el tipo de actividad recomendable e incorporar a nuestro currículum los ejercicios individualizados de rehabilitación de determinados alumnos, debido a que tenemos la obligación de utilizar el principio de inclusión al que nos remite la LOE/2006, modificada por la LOMCE/2013. Nos indica la integración plena de los alumnos con discapacidades. Además debemos señalar a la O. de 25 de julio de 2008, por la que se regula la **atención a la diversidad** del alumnado que cursa la educación básica en los centros docentes públicos de Andalucía, B. O. J. A. nº 167, de 22/08/2008.

Así pues, pruebas eminentemente médicas para evaluar el crecimiento y desarrollo, como determinar la edad dental, esquelética, sexual, etc. son temas que no nos competen.

Ahora mencionamos unas simples pruebas a realizar en clase.

### 4.2. EJEMPLOS DE PRUEBAS DE EVALUACIÓN SOBRE PATOLOGÍAS RELACIONADAS CON EL APARATO MOTOR EN EL AULA.

La mayoría de nuestro alumnado no tiene ningún tipo de deficiencia, no obstante podemos realizar algunas pruebas específicas de valoración que nos determinen si algún individuo presenta cualquier tipo de lesión, aunque de manera somera, ya que el verdadero profesional es el médico especialista (Cantó y Jiménez, 1997).

a) Reconocimiento de la columna vertebral para la localización de **escoliosis**.

Podemos hacerlo de dos maneras. En la primera, el alumno se sienta en un taburete, preferentemente vestido con una camiseta ceñida. El docente se pone detrás y observa la espalda y línea de hombros. Quien no tenga ésta recta, es probable que tenga escoliosis o actitud escoliótica.

En la segunda, el individuo se coloca de pie, con las piernas ligeramente abiertas y las rodillas extendidas. Hará una flexión profunda de tronco, con los brazos colgando hacia abajo. El docente se situará enfrente y observará si la espalda presenta simetría. En el caso de advertir un lado más alto que el otro, es probable que tenga escoliosis o actitud escoliótica.

b) Reconocimiento de la columna vertebral para la localización de la **cifolordosis**.

El alumno debe ponerse de pie sobre la pared, con su espalda tocándola. El docente se colocará lateralmente y observará si son exageradas o no las flexiones de las vértebras cérvico-dorsales y/o extensión de las lumbares, es decir, si percibe una curvatura exagerada en C o en S del raquis en el plano lateral.

c) Reconocimiento **básico postural**.

Una postura deficiente es la que presenta la cabeza hacia delante, el tórax deprimido, el abdomen se encuentra en relajación completa y protuberante, las curvas raquídeas son exageradas y los hombros están sostenidos por detrás de la pelvis. Para ello debemos observar al sujeto de perfil.

d) Reconocimiento de **pie plano** o **cavo**.

El pie plano se puede apreciar porque la huella que deja en el suelo, por ejemplo al mojarse, es total. El cavo, al presentar un aumento anormal de la bóveda plantar, en la huella que deja no se aprecia ésta.

## 4.3. ASPECTOS PREVENTIVOS SOBRE PATOLOGÍAS RELACIONADAS CON EL CRECIMIENTO EN EL MARCO DE LA EDUCACIÓN FÍSICA ESCOLAR.

Actividades que han sido consideradas tradicionalmente como adecuadas, actualmente están desaconsejadas bajo una concepción de actividad física-salud. López Miñarro, (2000), nos pone como ejemplo el clásico ejercicio de abdominales, iniciados con la cadera en extensión, actuando el psoas ilíaco como músculo motor de una no deseable hiperextensión lumbar en los primeros grados de movimiento. Otros autores, como Herrador (2015), mencionan la reiteración de los multisaltos, los juegos con sobrecarga del compañero, ciertos estiramientos, etc. Este autor propone unas alternativas que es preciso que todo profesional conozca. Además, citamos a:

- **Las carteras unilaterales**. Ésta debe colocarse a nivel dorsal bajo para favorecer la hiperextensión dorsal. No deben usarla los escolióticos severos graves o portadores de corsés.

- **Actitud psico-fisiológica**. Es frecuente observar actitudes cifóticas en individuos deprimidos; además de una actitud postural inadecuada puede conllevar a una autoimagen negativa.

- **Defectos de visión y su incidencia en la postura**. Los defectos posturales pueden ser debidos a una visión inadecuada ya que continuamente deben buscar una postura compensatoria de la cabeza que modifique las distancias y/o ángulos de visión (Delgado y Tercedor, 2002).

- **Contraindicaciones al comenzar**. Gómez Mora (2003), indica una serie de síntomas a tener en cuenta durante los **primeros días** de clase con objeto de que, si los detectamos, avisemos a la familia para que lleve al niño a revisión médica. Por ejemplo, respiración entrecortada, sensación de vértigo o mareo, calambres musculares, dolor en el pecho, falta de aliento o debilidad en las piernas. En este sentido, Delgado y Tercedor (2002), establecen unas "**contraindicaciones absolutas**": insuficiencias renal, hepática, pulmonar o cardiaca; enfermedades infecciosas agudas; las metabólicas, etc. También nos hablan sobre la "**contraindicaciones relativas**": retraso en crecimiento y maduración, ausencia de órganos, disminuciones sensoriales significativas, alteraciones músculo esqueléticas, obesidad desmedida, asma, etc.

## CONCLUSIONES

En este tema hemos atendido a cómo se va produciendo el desarrollo neuromotor, óseo y muscular y su importancia durante las edades propias de la Etapa Primaria. Todo esto ha sido estudiado por numerosos autores que destacan una serie de fases que debemos tener en cuenta a la hora de nuestra intervención didáctica. Una mala práctica física puede acarrear consecuencias negativas a nuestro alumnado. También hemos visto cómo influyen los factores internos y externos al individuo en su desarrollo y crecimiento. El docente especialista debe conocer en profundidad las distintas patologías que están relacionadas con el crecimiento y el movimiento para detectar cualquier alteración y poner el remedio oportuno. Columna vertebral, pies, rodillas, además del sistema cardiorrespiratorio, son puntos relativamente fáciles de observar y descubrir anomalías que, en las edades de Primaria, pueden tener mejor solución que posteriormente. La Educación Física en las edades de escolarización debe tener una presencia importante en la jornada escolar si se quiere ayudar a paliar el sedentarismo, que es uno de los factores de riesgo identificados, que influye en algunas de las enfermedades más extendidas en la sociedad actual. Los niveles que la Educación Física plantea tienen que adecuarse al nivel de desarrollo de las alumnas y de los alumnos, teniendo siempre presente que la conducta motriz es el principal objeto de la asignatura y que en esa conducta motriz deben quedar aglutinados tanto las intenciones de quien las realiza como los procesos que se pone en juego para realizarla. Por último destacar la importancia de la postura en el aula y la colaboración entre el docente-familia-médico en el tratamiento de cualquier anomalía o enfermedad.

## BIBLIOGRAFÍA

- ÁVILA, F. (1989). *Higiene y precauciones para la práctica del deporte en sujetos con alteraciones ortopédicas no invalidantes*. En RIBAS, J. (coord.) *Educación para la salud en la práctica deportiva escolar*. Unisport. Málaga.
- BALIUS, R. y PEDRET, C. (2013). *Lesiones musculares en el deporte*. Panamericana. Madrid.
- BERNAL, J. A. -coord.- (2005). *Prevención de lesiones y primeros auxilios en la educación física y el deporte*. Wanceulen. Sevilla.
- CALDERÓN, F. J. (2012). *Fisiología humana. Aplicación a la actividad física*. Panamericana. Madrid.
- CANTÓ, R. y JIMÉNEZ, J. (1997). *La columna vertebral en la edad escolar*. Gymnos. Madrid.
- CAÑIZARES, J. Mª y CARBONERO, C. (2006). *Temario de oposiciones de Educación Física para Primaria*. Wanceulen. Sevilla.
- CONDE, J. L. y VICIANA, V. (2001). *Fundamentos para el desarrollo de la motricidad en edades tempranas*. Aljibe. Málaga.
- DELGADO, M. y TERCEDOR, P. (2002). *Estrategias de intervención en educación para la salud desde la Educación Física*. INDE. Barcelona.
- DÍAZ, J. (1993). *El desarrollo motor y su implicación didáctica*. En VV. AA. *Fundamentos de Educación Física para Enseñanza Primaria*. INDE. Barcelona.
- FOX, I. F. (2003). *Fisiología Humana*. Interamericana/McGraw Hill. Madrid
- GALIANO, D. y ALONSO, J. (2004). *Riesgos y epidemiología de las lesiones deportivas en el niño y adolescente*. En ROMERO, S. y PRADA, A. (coords.) *Lesiones deportivas en el niño y adolescente*. Wanceulen. Sevilla.
- GALLEGO, J. L. (Coor.) (1998). *Educación Infantil*. Aljibe. Málaga.
- GIL MORALES, P. A. (2006). *Primeros Auxilios en Animación Deportiva*. Wanceulen. Sevilla.
- GÓMEZ MORA, J. (2003). *Fundamentos biológicos del ejercicio físico*. Wanceulen. Sevilla.

- GONZÁLEZ, P. y GONZÁLEZ, J. (2004). *Apofisitis*. En ROMERO, S. y PRADA, A. (coords.) *Lesiones deportivas en el niño y adolescente*. Wanceulen. Sevilla.
- GÓNZÁLEZ ITURRI, J. J. (2004). *Deformidades raquídeas y deporte en el niño*. En ROMERO, S. y PRADA, A. (coords.) *Lesiones deportivas en el niño y adolescente*. Wanceulen. Sevilla.
- GONZÁLEZ, Mª T. y RIESCO, J. F. (2005). *Manual de Educación Física*. Globalia Anthema. Salamanca.
- GUILLÉN, M. y LINARES, D. (2002). *Bases biológicas y fisiológicas del movimiento humano*. Médica Panamericana. Madrid.
- GUILLÉN, M. y OTROS (2009). *Lesiones deportivas en la infancia y en la adolescencia*. En GUILLÉN, M. y ARIZA. L. *Las Ciencias de la Actividad Física y el Deporte como fundamento para la práctica deportiva*. U. de Córdoba.
- GUTIÉRREZ SÁINZ, A. (1992). Actividad física en el niño y adolescente. En GONZÁLEZ, J. *Fisiología de la actividad física y el deporte*. Mc Graw-Hill. Madrid.
- GUTIÉRREZ DÁVILA, M. (2015). *Fundamentos de biomecánica deportiva*. Síntesis. Madrid.
- GUTIÉRREZ DELGADO, M. (2004). *Aprendizaje y desarrollo motor*. Fundación San Pablo CEU. Sevilla.
- HERRADOR, J. A. (2015). *Riesgos laborales en Educación Física: prevención de accidentes y lesiones*. Formación Alcalá. Jaén.
- HORMIGA, C.M.; CAMARGO, D.M. y OROZCO, L.C. (2008). Reproducibilidad y validez convergente de la Escala Abreviada del Desarrollo y una traducción al español del instrumento Neurosensory Motor Development Assessment. Biomédica, 28:327-46.
- JUNTA DE ANDALUCÍA (2008). O. de 25 de julio de 2008, por la que se regula la atención a la diversidad del alumnado que cursa la educación básica en los centros docentes públicos de Andalucía, B. O. J. A. nº 167, de 22/08/2008.
- JUNTA DE ANDALUCÍA (2007). *Ley 17/2007, de 10 de diciembre, de Educación de Andalucía (L. E. A.)*. B. O. J. A. nº 252, de 26/12/07.
- JUNTA DE ANDALUCÍA (2002). *Decreto 137/2002, de 30/04/02. "Plan de Apoyo a las Familias Andaluzas"*. B.O.J.A. nº 52 de 04/05/2002.
- JUNTA DE ANDALUCÍA (2006). *Orden de 15 de mayo de 2006, por la que se establecen las bases para impulsar la investigación educativa en los centros docentes públicos de la Comunidad Autónoma de Andalucía dependientes de la Consejería de Educación*.
- JUNTA DE ANDALUCÍA (2006). *Orden de 1 de septiembre de 2006, por la que se modifica la de 27 de mayo de 2005, por la que se regula la organización y el funcionamiento de las medidas contempladas en el plan de apoyo a las familias andaluzas relativas a la ampliación del horario de los Centros docentes públicos y al desarrollo de los servicios de aula matinal, comedor y actividades extraescolares*. B.O.J.A. nº 185, de 22/09/2006.
- JUNTA DE ANDALUCÍA (2007). *Resolución de 10/04/2007, de la D. G. de Innovación Educativa y Formación del Profesorado, por la que se aprueban Proyectos de Investigación Educativa y se conceden subvenciones*. B. O. J. A. nº 87 de 04/05/2007.
- JUNTA DE ANDALUCÍA (2010). *Decreto 328/2010, de 13 de julio, por el que se aprueba el Reglamento Orgánico de las escuelas infantiles de segundo grado, de los colegios de educación primaria, de los colegios de educación infantil y primaria, y de los centros públicos específicos de educación especial*. BOJA nº 139, de 16/07/2010.
- JUNTA DE ANDALUCÍA (2010). *Orden de 20 de agosto de 2010, por la que regula la organización y el funcionamiento de las escuelas infantiles de segundo ciclo, de los colegios de educación primaria, de los colegios de educación infantil y primaria, y de los centros públicos específicos de educación especial, así como el horario de los centros, del alumnado y del profesorado*. BOJA nº 169, de 30/08/2010.
- JUNTA DE ANDALUCÍA (2015). *Orden de 17 de marzo de 2015, por la que se desarrolla el currículo correspondiente a la educación Primaria en Andalucía*. BOJA nº

60 de 27/03/2015.
- JUNTA DE ANDALUCÍA (2015). *Decreto 97/2015, de 3 de marzo, por el que se establece la ordenación y el currículo de la educación Primaria en la comunidad Autónoma de Andalucía.* BOJA nº 50 de 13/013/2015.
- JUNTA DE ANDALUCÍA (2002). Decreto 147/2002, de 14 de mayo. Ordenación de la atención de alumnado con necesidades educativas especiales. BOJA nº 58, de 18/05/02.
- LÓPEZ CHICHARRO, J. y otros. (2002). *El desarrollo y el rendimiento deportivo.* Gymnos. Madrid.
- LÓPEZ MIÑARRO. P. A. (2000). *Ejercicios desaconsejados en la actividad física. Detección y alternativas.* INDE. Barcelona.
- MAGRANER, X. (1993). *El niño, su cuerpo y la actividad física.* En VV. AA. *Fundamentos de Educación Física para Enseñanza Primaria.* INDE. Barcelona.
- MARTÍNEZ PIÉDROLA, E. (2006). *Hábitos saludables en la prevención de la obesidad infantil: "Dieta y Ejercicio".* En *Deportes para todos.* P. M. D. del Ayuntamiento de Dos Hermanas.
- M.E.C. (2013). *Ley Orgánica 8/2013, de 9 de diciembre, para la mejora de la calidad educativa.* BOE Nº 295, de 10/12/2013.
- M.E.C. (2014). *R. D. 126/2014, de 28 de febrero, por el que se establece el currículo básico de la Educación Primaria.* B.O.E. nº 52, de 01/03/2014.
- M. E. C. (2006). Ley Orgánica 2/2006, de 3 de mayo, de Educación (L. O. E.). B. O. E. nº 106, de 04/05/2006, modificada en algunos artículos por la LOMCE/2013.
- M. E. C. ECD/65/2015, O. de 21 de enero, por la que se describen las relaciones entre las competencias, los contenidos y los criterios de evaluación de la educación primaria, la educación secundaria obligatoria y el bachillerato. B.O.E. nº 25, de 29/01/2015.
- MIRALLES, R. y MIRALLES, I. (2006). *Biomecánica clínica de las patologías del aparato locomotor.* Masson. Barcelona.
- NARANJO, J y CENTENO, R. (2000). *Bases fisiológicas del entrenamiento deportivo.* Wanceulen. Sevilla.
- OÑA, A. (2005). *Actividad física y desarrollo: ejercicio físico desde el nacimiento.* Wanceulen. Sevilla.
- PAREDES, V. et al. (2012). *La readaptación físico-deportiva de lesiones.* Onporsport. Madrid.
- PASTRANA, R. -coord.- (2009). *Lesiones deportivas: mecanismo, clínica y rehabilitación.* Universidad de Málaga. Málaga.
- RIBAS, J. y cols. (1997). *I Jornadas sobre la práctica deportiva en la Infancia.* Centro de Estudios del Niño. Sevilla.
- RODRÍGUEZ, L. P. y GUSI, N. (2002). *Manual de prevención y rehabilitación de lesiones deportivas.* Síntesis. Madrid.
- RODRÍGUEZ GARCÍA, P. L. (2006). *Educación Física y Salud en Primaria.* INDE. Barcelona.
- ROSILLO, S. (2010). *Contraindicaciones. Plan educativo de adquisición de hábitos de vida saludable en la educación.* Procompal. Almería.
- RUIZ, L. y LINARES, D. (1997). *Algunas consideraciones sobre el desarrollo biológico del niño.* En CONDE, J. L. *Fundamentos para el desarrollo de la motricidad en edades tempranas.* Aljibe. Málaga.
- RUIZ PÉREZ, L. M. (1994). *Desarrollo motor y actividades físicas.* Gymnos. Madrid.
- RUIZ PÉREZ, L. M. (2005). *Moverse con dificultad en la escuela.* Wanceulen. Sevilla.
- SAINZ, P.; RODRÍGUEZ, P. SANTONJA, F. y ANDÚJAR, P. (2006). *La columna vertebral del escolar.* Wanceulen. Sevilla.
- VV. AA. (1997). *Problemas de salud en la práctica física-deportiva. Actuaciones y Adaptaciones Curriculares.* Wanceulen. Sevilla.

- ZAGALAZ, Mª L.; CACHÓN, J.; LARA, A. (2014). *Fundamentos de la programación de Educación Física en Primaria.* Síntesis. Madrid.
- ZARCO, J. A. (1992). *Desarrollo infantil y Educación Física.* Aljibe. Málaga.

**WEBGRAFÍA** (Consulta en octubre de 2015).

http://www.agrega2.es
http://recursos.cnice.mec.es/edfisica/
http://www.ite.educacion.es/es/recursos
www.juntadeandalucia.es/educacion/descargasrecursos/curriculo-primaria/index.html
http://www.guiaderecursos.com/webseducativas.php
http://www.adideandalucia.es

www.ingramcontent.com/pod-product-compliance
Lightning Source LLC
Chambersburg PA
CBHW080458170426
43196CB00016B/2862